JN269206

高校受験
すぐにできる40のこと

Akihiro Nakatani
中谷彰宏

心の友だち
PHP

まえがき

受験時代は、暗黒時代ではなく、黄金時代。

「受験時代」という言葉には、つらいのをガマンする時代、という響《ひび》きがあります。

これは大きな勘違《かんちが》いです。

こんなすばらしい時代はないのです。

受験は、野球やサッカーなどのスポーツの試合と同じです。

スポーツの試合に暗黒時代はありません。

試合をしているのを見て、
「かわいそうに。ガマンしてあんなことをしなければいけないなんて」
と言う人はいません。
受験という言葉を、いかに明るく感じられるかです。
受験ほどすばらしいことはないのです。
今がベストだと思えたら、受験は楽勝なのです。

受験は、ゲームだ。
ゲームは、攻略本だ。
ゲームは、弱い者が
強い者を倒すのが
面白い。

中谷彰宏

あきひろ

高校受験 すぐにできる 40のこと

01
とにかく
机に向かって、
3分座《すわ》る。

02
ノートを
「攻略本《こうりゃくぼん》」にしよう。

03
伝記を、
読もう。

04
「具体的な目標」を
壁《かべ》に張ろう。

05
「勉強している
カッコいい自分」
を思い浮《う》かべよう。

06
うるさいところで、
勉強しよう。

07
「ゲームを
終わらせる時間」
を決めよう。

08
「予習する優越感《ゆうえつかん》」を
味わおう。

09
休憩《きゅうけい》を、5分で
終わらせよう。

10
志望校は、
「難しいほう」を選ぼう。

11
「ムリと
言われるところ」
を目指そう。

12
たまにたくさんより、
毎日少しずつやろう。

13
通学時間に、
勉強しよう。

14
机のないところで、
勉強しよう。

15
「いつもどおりの生活」
を変えない。

16
習いごとは、
続ける。

17 先生や親の悪口を言わない。

18 徹夜《てつや》しない。

19 計算するとき、左手を添《そ》えよう。

20 ケアレスミスをなくそう。

21 できなかった問題を、もう1回やろう。

22 反復して、スピードを上げよう。

23 簡単だったら、速くできるようにしよう。

24 忘れ物と遅刻《ちこく》をしない。

25 難問を1回解くより、基本的な問題を3回解く。

26 部屋を、片づけよう。

27 覚えるために、1回忘れよう。

28 人名・地名は、写真で覚える。

29 好きなモノで、15個覚えてみよう。

30 体を使って、覚えよう。

31 難しいと思ったときは、姿勢をよくしよう。

32 睡眠《すいみん》時間を、削《けず》らない。

33 遅《おそ》起《お》きではなく、早《はや》寝《ね》しよう。

34 毎日「同じ時間」に勉強しよう。

35 自分の名前を、丁寧《ていねい》に書こう。

36 休み時間に、1人でいる。

37 本番と同じ時間帯に、過去問をやろう。

38 朝型にしよう。

39 運動を、続けよう。

40 ゲームのように、クリアしよう。

高校受験すぐにできる40のこと

もくじ

第1章 やる気を高めるには

第2章 ワンランク上をねらうには

第3章 ケアレスミスをなくすには

第4章 記《き》憶《おく》力《りょく》を高めるには

第5章 試験当日に緊張《きんちょう》しないためには

バーコードの読み取りに対応したカメラ付き携帯電話で、左上のマークを読み取ると、中谷彰宏ホームページのモバイル版にアクセスできます。
左下のマークを読み取ると、中谷彰宏の著作が読める「モバイル中谷塾」にアクセスできます。対応機種・操作方法は取り扱い説明書をご覧ください。

中谷彰宏氏は、盲導犬育成事業に賛同し、この本の印税の一部を㈶日本盲導犬協会に寄付しています。

視覚障害その他の理由で活字のままでこの本を利用できない人のために、営利を目的とする場合を除き「録音図書」「点字図書」「拡大写本」等の制作をすることを認めます。その際は著作権者、または、出版社までご連絡ください。

装幀　こやまたかこ
装画　宮尾和孝

第1章

やる気を高めるには

Q01

やる気がわかないのですが……

机に向かうと、やる気がわいてくる。

なかなかやる気が起こらない人は、とにかく机に向かって3分座《すわ》ることです。

やる気が起こってから机に向かうのではありません。

逆です。

やる気が起こらなくても、とりあえず毎日机に向かうのです。

1時間も座《すわ》らなくていいのです。

3分座《すわ》ることで、机に向かう習慣がつきます。

試験に通る人は、とにかく机に向かっています。

勉強するしないは別にして、とにかく机に向かうだけでいいのです。

机に向かっていると、不思議と勉強する気がわいてきます。

条件反射です。

トイレに行って便座に座《すわ》るのと同じです。

試験に通らない人は、やる気がわいてから机に向かおうとします。

机は、3分向かっていると、なんだか勉強する気がわいてくる不思議な装置なのです。

とにかく机に向かう習慣を、自分でつけていけばいいのです。

勉強しなくてもいいのです。

高校受験 すぐにできること

01 とにかく机に向かって、3分座《すわ》る。

とりあえず座《すわ》っているだけでいいのです。

そこで気持ちが集中し始めます。儀式《ぎしき》として座《すわ》るのです。

受験勉強は、

①なかなか気持ちが集中できない

②やる気がわかない

という2つのことと闘《たたか》わなければなりません。

でも、闘《たたか》わなくていいのです。

自動的に机に向かうだけでいいのです。

Q02

勉強が面白《おもしろ》くなるコツは？

ノートは、攻略本《こうりゃくぼん》だ。

「ノート」という呼び方を変えることです。
ノートは「攻略本《こうりゃくぼん》」です。
今、ゲームの攻略本《こうりゃくぼん》はベストセラーになります。
ゲームをしていたら、攻略本《こうりゃくぼん》が欲《ほ》しくなります。
攻略本《こうりゃくぼん》には、こういう攻《せ》め方《かた》をするとどのくらい得点できて、ここに隠《かく》れキャラクターがいて、ここを叩《たた》くとドアが開く……、ということが、詳《くわ》しく書いてあります。

ノートも同じです。

「ノート」「参考書」「問題集」と考えるから、めんどうくさく感じるのです。

ノートも参考書も問題集も、すべて攻略本《こうりゃくぼん》です。

自分で「攻略本《こうりゃくぼん》」と呼んでしまえばいいのです。

「数学攻略本《こうりゃくぼん》」「理科攻略本《こうりゃくぼん》」でいいのです。

重要なところには、「裏わざ」と書いておけばいいのです。

みんな、裏わざが好きです。

方程式や公式は裏わざです。

覚えなければいけない元素《げんそ》記号や専門用語は隠《かく》れキャラクターです。

「表わざ」でいく人は、力ずくで根気よく計算します。

それでは間に合わないのです。

数学は、実はほとんど暗記です。

暗記するから、九九《くく》ができるのです。

9を9回足す人はいません。

「9に9を1回足したら18で、2回足したら27で」とやらずに、

「9×9＝81《くくはちじゅういち》」と言えます。

九九《くく》のない国の人からしたら魔法《まほう》です。

九九《くく》のない国の人が、日本人の九九《くく》を聞いたら、「エッ、もう9を9回足したの⁉」と驚《おどろ》きます。

インドの人は2ケタの暗算ができます。

九九九九《くくくく》があるのです。

インドの人にとっては魔法《まほう》でもなんでもありません。

勉強は、魔法《まほう》を覚えるようなものです。

ハリー・ポッターのホグワーツ（魔法魔術《まほうまじゅつ》学校）のようなところに行っているのです。

三平方の定理では、直角を挟《はさ》んだ三角形の底辺が3センチ、高さが4センチなら、斜辺《しゃへん》の長さは5センチです。

知らない人は「どうやって計算したの⁉」とびっくりしますが、これが「裏わざ」なのです。

高校受験すぐにできること

02 ノートを「攻略本《こうりゃくぼん》」にしよう。

Q03

スランプを脱出《だっしゅつ》するには？

伝記を読むと、やる気がわいてくる。

モチベーションが下がったり、やる気がわかないときは、伝記を読むのがいちばんです。

伝記は、究極の合格法です。

伝記には、「できなかった人が、どうやってできるようになったか」というミラクルが書かれています。

もともと天才で、そのまま何もせずにすごい人になった、という伝記はありません。

伝記はほとんど、できなかった人がどれだけ頑張《がんば》ってできるようになったかが書かれているのです。

後に有名になった偉人《いじん》でも、勉強が嫌《きら》いで先生に怒《おこ》られ、見放されたりしています。

伝記は合格体験記よりも面白《おもしろ》いのです。

伝記を読んでいると、必ず勉強につながることが出てきます。

「受験勉強中に、関係ない本を読むのは時間がもったいない」と、読書をガマンすることはないのです。

すべての読書が勉強につながります。

受験勉強は、決してムダにならないのです。

受験勉強のための勉強をしないことです。

好きなモノのために受験勉強をするのです。

サッカーの強い高校に入ってサッカーをするために、理科を勉強するのです。

サッカーでもっと強いシュートを打つには、理科のような考え方が必要になることもあります。

外国に行ってプレーするには、英語も必要です。

数学の公式がサッカーに生かせることもあります。

すべての勉強は、自分の好きなモノのためにやっているという意識を持つことです。

受験勉強のための勉強をしないことが大切なのです。

高校受験
すぐに
できること

03 伝記を、読もう。

Q04

志望校は内緒《ないしょ》にしておきたいのだけど……

具体的な目標を壁《かべ》に張ると、一皮むける。

目標を壁《かべ》に張ると、恥《は》ずかしさを乗《の》り越《こ》えられます。

目標を持つのが恥《は》ずかしいのではないのです。

目標を人に知られるのが恥《は》ずかしいのです。

「○○高校合格」と書くと、「なんだ、○○高校を目指していたのか」と親に知られることになります。これは恥《は》ずかしいものです。

これを言える人と言えない人とで合否が分かれるのです。

壁《かべ》に張れば、親に見られます。

親に見られる恥《は》ずかしさを乗《の》り越《こ》えた時点で、試験に通ります。

ところが、「あの高校に行きたい」と決めているのに、「どの高校に行きたいの？」と聞かれると「まだ決めていない」とウソをつきます。

その照れが、やる気につながっていかないのです。

本当に決まっていないならともかく、決まっているのに、恥《は》ずかしいから「まだ決まっていない」と言ってしまいます。

この恥《は》ずかしさを乗《の》り越《こ》えていくことです。

壁《かべ》に張るのは、具体的なことがいいのです。

人間は、具体的なものを目標に掲《かか》げるとやる気がわきます。

「あそこの鯛《たい》焼《や》きが食べたい」と思えば、それに向かっていけます。

「何か食べたい」では、町へ出てもどこへ向かえばいいかわかりません。食べたいものが浮《う》かばなくて、ただウロウロ歩くことになります。頭の中に具体的なものが浮《う》かぶことが大切なのです。

行きたい高校の名前を書いて壁《かべ》に張ると、自分の目標を具体化できます。

「少しでもいい高校に」という標語はありません。

好きな人の名前は具体的に書けます。それが恋《こい》です。

なんとなく「カッコいい人がいないかな」は恋《こい》ではないのです。

高校受験
すぐに
できること

04

「具体的な目標」を壁《かべ》に張ろう。

Q05

「勉強していない」ふりをしたいけど……

勉強することは、カッコいい。

勉強することは、カッコいいのです。

勉強することがカッコいいと気づいた人は、試験に通ります。

勉強することが、しんどい、カッコ悪いと思っている人は、勉強していることを人には言わないようにするのです。

そういう人は、「昨日あのテレビ見た?」と聞かれると、見てもいないのに「見た見た」と言います。

本当は勉強していたのに、新聞のテレビ欄《らん》で見たことを話します。これは、テレビを見ずに勉強していたことを、カッコ悪いと思っているからです。

スポーツの練習はカッコいいです。

楽器やダンスの練習をしている人もカッコいいです。

勉強をすることも、カッコいいのです。

この意識で変わります。

テスト前に、「やってないよ」「テレビ見ちゃったよ」と言って、勉強していないふりをするほうが、よっぽどカッコ悪いのです。

進学校の合格率が高いのは、勉強することはカッコいいという文化があるからです。

勉強することがカッコいいとわかれば、「自分は今日もカッコいいことをやっている」と思えるのです。

高校受験
すぐに
できること

05「勉強しているカッコいい自分」を思い浮《う》かべよう。

Q06

静かな勉強部屋が欲しいのだけど……

うるさいところのほうが、集中できる。

「勉強部屋がなくて、なかなか集中できない」「家族がいて、うるさい。静かなところがあれば、もっと勉強できるのに」と言っている人は、集中に対する考え方が間違《まちが》っています。

うるさいところのほうが集中できます。

僕《ぼく》の実家はスナックです。

僕《ぼく》の勉強部屋は、スナックのカラオケのスピーカーの真上でした。

お客様の歌は、決してうまくはありません。心地《ここち》よくもありません。

そのカラオケが鳴り続けているところで勉強したおかげで、僕《ぼく》は集中力がつきました。集中すると、まわりの音がまったく聞こえなくなります。

だから、3回ぐらい大きい声で呼ばれてやっと気づくのです。

僕《ぼく》の家庭環境《かんきょう》は、いいトレーニングになりました。

集中することで、まったくうるささを感じないのです。

まわりの音を消そうと考えないことです。

まわりがうるさいから集中できないというのは逆なのです。

まわりがうるさいほうが、人間は自動的に気持ちが集中に向かいます。

集中できない原因は、自分にあります。まわりの音が原因ではないのです。

高校受験
すぐに
できること

06 うるさいところで、勉強しよう。

「勉強部屋がないから集中できない」というのは言いわけです。

勉強部屋に閉じこもるよりは、うるさいところのほうが勉強に向いています。

シーンとしているところのほうが、逆に気が散るものなのです。

Q07

受験生は、ゲーム禁止ですか?

ゲーム・ケータイ・テレビ・マンガを終わらせる時間としない時間を決める。

ゲーム・ケータイ・テレビ・マンガは、受験生の4大誘惑《ゆうわく》です。
この4つを「しない」にすると、ストレスになります。
していいのです。
ただし、終わらせる時間を決めて、それを守るのです。

しないことよりも、終わらせる時間を守るほうが難しいのです。

30分だけやろうと思っていても、「今ちょうどいいところなのに」というときは、やめられなくなります。

終わらせる時間を決めて、それが守れる人は、根性《こんじょう》があります。

勉強している間《あいだ》はメールを見ないと決めると、集中力がつきます。

試験に落ちる人は、「30分勉強しよう」と決めても、10分ぐらいたつと、「メールの確認《かくにん》だけ。勉強は続けるけど」と言います。

「勉強時間」とは、ゲーム・ケータイ・テレビ・マンガを見ない時間です。

集中力は、長時間持続することはありません。

5時間机に向かっていても、間《あいだ》に何回もメールチェックをしている人は、5時間勉強したことにはなりません。

30分しか机に向かっていなくても、その間《あいだ》にケータイがマナーモードでブルブルしていても、まったく気がつかなかったら、その人は集中力があるということです。

受験は、集中力の勝負です。

集中力のある人が通って、集中力のくじけた人が落ちるのです。

頭がいい悪いではないのです。

高校受験
すぐに
できること

07 「ゲームを終わらせる時間」を決めよう。

Q08

予習してる
ヒマがないけど……

予習すると、余裕《よゆう》で授業を聞ける。

予習は先生のためにするものではありません。
先生のためにと考えると、予習は楽しくなくなります。
やっていかなければいけないからでもありません。
予習すると、授業中にいい気分になります。余裕《よゆう》しゃくしゃくです。
予習しないで行くと、その日の50分の授業は苦痛です。

「当てられたらどうしよう」とハラハラします。

当てられる授業でなくても、50分の授業中、オドオドして過ごすことになります。予習していると、その50分がハッピーな時間になります。

「これ、当ててくれないかな」という気持ちになるのです。

目線が、先生のほうに向きます。

先生は、当ててくれという顔をしている人は当てません。

当てられたらイヤだと目をそらしている人を当てます。当てられたらどうしようという気持ちが働いていると、授業は聞こえません。

ところが、予習をして、余裕《よゆう》を持って授業を聞いていると、ぐんぐん頭に入ります。

50分の授業を、オドオドしながら当てられないように祈《いの》る時間にするか、先生の言ったことがスイスイ頭に入る時間にするかで、成果は大きく違《ちが》ってくるのです。

授業中オドオドしていると、その日に習ったことを復習しようとしても思い出せません。

これは大人も同じです。準備をして会議に臨《のぞ》んでいるときと、準備なしで会議に出たときとでは、気持ちに差があります。

予習は、いい気持ちを味わうためにすることなのです。

高校受験
すぐに
できること

08
「予習する優越感《ゆうえつかん》」を味わおう。

Q09

いい休憩《きゅうけい》のとり方は？

6割のところで、休憩《きゅうけい》を入れる。

休憩《きゅうけい》を入れるタイミングは、全体の6割いったところです。
休憩《きゅうけい》を入れるのは悪いことではないのです。
休憩《きゅうけい》の入れ方がヘタな人は、半分より前で入れています。
半分より前に休憩《きゅうけい》を入れると、しんどいです。
後半に向けてエネルギーを上げていかなければいけないからです。

全体の6割いってからなら、そのあとはラクになります。
休憩《きゅうけい》を入れるタイミングは、
①4合目で入れる
②5合目で入れる
③6合目で入れる
の3通りがあります。試験に通る人は、休憩《きゅうけい》を6合目で入れます。
6合目で休憩《きゅうけい》すれば、峠《とうげ》を越《こ》えているので、あとはスッといきます。
4合目で休憩《きゅうけい》する人は、「まだ半分以上ある。しんどい」と感じます。
あとのことが気になって、休憩《きゅうけい》していてもくつろげません。
休憩《きゅうけい》した感じがないので、休憩《きゅうけい》時間が長くなります。
スキーへ行って休憩《きゅうけい》するときと同じです。
「ちょっと疲《つか》れたから休憩《きゅうけい》」といってスキー靴《ぐつ》を脱《ぬ》ぐと、もう一度履《は》くのがめんどくさくなります。帰りたくなってきます。

スキーの休憩《きゅうけい》中は、靴《くつ》を脱《ぬ》がないことです。

スポーツ選手は一度座《すわ》ってしまうと、もう立てなくなるので、立ったまま休憩《きゅうけい》します。

休憩《きゅうけい》してもいいけれど、すぐもとに戻《もど》れるようにすることです。

60分の勉強時間の中で5分休憩《きゅうけい》を入れるなら、そのタイミングは35分か40分のところです。そうすることで、効果的な休憩《きゅうけい》になります。

同じ5分の休憩《きゅうけい》でも、どこで入れるかで違《ちが》ってくるのです。

高校受験 すぐにできること

09 休憩《きゅうけい》を、5分で終わらせよう。

第2章

ワンランク上をねらうには

Q10

ムリめな志望校は、あきらめる？

「ギリギリセーフ」を目指そう。

受験は、「ギリギリセーフ」と「ギリギリアウト」しかありません。
学校の偏差値《へんさち》はみんなわかっています。
1人1人の差はほとんどないのです。
落ちた人と通った人に圧倒的《あっとうてき》な差があれば納得《なっとく》いきます。
受験で納得《なっとく》いかないのは、「ギリギリセーフの人」と「ギリギリアウトの人」は1点の差しかないことです。

この1点の差で、その後の人生で出会える友だちまで大きく変わります。

たった1点で、ずいぶんもったいないことになるのです。

この学校に入ってこんなクラブ活動をしたい、という夢を持っている人が、その夢を実現できるかどうかは、1点の差でしかないのです。

「ギリギリセーフ」が、「ぶっちぎりセーフ」よりカッコいいのです。

これから先に起こる人生のチャンスや夢をつかめるのは、「ギリギリセーフ」で滑《すべ》り込《こ》める人です。

鯛焼《たいや》きを買いに並んでいるときも同じです。

大勢並んでいるから、もう売り切れるだろうと列から抜《ぬ》けたとたんに、自分がいたところまでの分は焼けていたということがあります。

あきらめないで、並び続けていればよかったのです。

自分の前までアウトになるのがいちばんショックです。

電車のドアが閉まりかけると、つい駆《か》け込《こ》み乗車をしてしまいます。

そんなとき、乗れないとふてくされて、「この電車に乗るつもりはなかった」と電車から離《はな》れれば、乗れないままです。

ところが、「あっ、車掌《しゃしょう》さん……」という寂《さび》しそうな背中を見せると、開けてくれることがあります。

ローカル線では、一度閉めたドアをもう一回開けてくれることがあるのです。

「ギリギリセーフ」の人生を歩んでいる人は強いのです。

これが、運が強いということです。

運が強いというのは、あきらめないということです。

「ギリギリセーフ」も「ぶっちぎりセーフ」も、どちらも合格です。一切《いっさい》クラブ活動を断念して、読みたい本も読まず、行きたいところも行かずに「ぶっちぎりセーフ」で合格しても、なんとなく人生で損した感じがします。

クラブ活動もほかのこともやって「ギリギリセーフ」の人がいるのです。

偏差値《へんさち》で、「ここはムリ」と考えないことです。

高校受験
すぐに
できること
10 志望校は、「難しいほう」を選ぼう。

Q11

合格はムリと言われたら……

受験は、スポーツ。弱い者が、強い者に勝つ。

受験は、スポーツです。
スポーツでいちばん面白《おもしろ》いのは、弱い者が強い者に勝つことです。
だから、スポーツには感動があるのです。
サッカーでランキング上位の強い国に日本が勝つと、「やった！」と思います。

受験も同じです。

「あそこはムリ」と言われた学校に通るのが、受験の醍醐味《だいごみ》です。

「あの学校はちょっと偏差値《へんさち》が高いので……」と考えるのは、「できるだけ弱いチームとやらせてください」と言っているのと同じです。

サッカーなら、「いちばん強いチームとやらせてください」と言うのがカッコいいです。

受験では、「絶対ムリ」と言われたところに通る人がいることに感動します。それがカッコいいのです。

「絶対ムリ」と言われても、100％ムリなのではありません。

「絶対ムリ」と言われていたのに合格している人もいるのです。

本人もびっくりです。

「エッ、僕《ぼく》が通っていいんですか?」ということが起こるのが受験です。

高校受験
すぐに
できること
11

「ムリと言われるところ」を目指そう。

受験はスポーツなので、ミラクルが起こるのです。

ミラクルを起こすには、より強い相手に向かっていくことです。

ミラクルは、そういうときにしか起こらないのです。

弱い相手に向かっていって負けるという逆のミラクルは、最も情けないです。でも、弱い相手に向かっていって負けることもあります。

それは、油断するからなのです。

Q12

努力しなくても勉強できる人になれる?

勉強を生活の中に、定着させる。

僕《ぼく》は、子どものときから予定表を作るのが好きでした。

予定表をなかなか実行できないのは、生活の中に組《く》み込《こ》めていないからです。

生活の中に組《く》み込《こ》んでしまえば、それは習慣になります。

家に帰ったら、机に向かいます。

それが習慣になっている人は、そうしようと思って机に向かっているのではありません。

気がついたら机に向かっているのです。

習慣を作るのは、最初は難しいです。

習慣になってしまえば、なんのストレスも感じないし、頑張《がんば》る必要もなくなります。頑張《がんば》って勉強しているうちは、効果が出ません。

頑張《がんば》るのではなく、気がついたらやっているのです。

大切なのは、「今日から1日6時間ずつやるぞ」とムリに飛ばさないことです。これでは続きません。

1日目はできても、次の日につらくなります。

「昨日頑張《がんば》ったから、今日は休もう」ということになります。

次の日、「昨日休んだから、今日は頑張《がんば》らないと」と、また6時間やると、疲《つか》れてしまって2、3日休みます。

それよりは、習慣になって、今自分が勉強しているという意識も特にないぐらいまで、毎日同じ時間、帰ってきたら机に向かう形を作るのです。

スケジュール作りで最も大切なのは、「これだったらできる」というムリのない形にすることです。

「毎日5時間勉強しよう」ではなく、「毎日30分だけやろう」のほうが続けられます。続けられるムリのない形が、習慣化できるのです。

それができた人が試験に通ります。

試験に通った人は、「特に勉強していません」と言います。

「何か努力されたことはあるんですか」と聞かれても、「何も努力していません」と答えます。

「こんなに頑張《がんば》った」と思っているうちは、試験に通りません。

同じことでも、習慣でやっている人と頑張《がんば》ってやっている人とでは、習慣でやっている人のほうが「勝ち」です。

これが生活の中に組《く》み込《こ》むということです。

「歯磨《はみが》きはしなければならない」ではないのです。

「今日はお風呂《ふろ》に入っていないから気持ち悪い」と感じるのと同じです。

ごはんは頑張《がんば》って食べるものではありません。

体のために頑張《がんば》って食べる中学生はあまりいません。

習慣になっているから食べるのです。

高校受験 すぐにできること

12 たまにたくさんより、毎日少しずつやろう。

Q13

忙《いそが》しくて勉強の時間がとれないけど……

時間は探してもない。作るのだ。

受験生とはいえ学校の授業があり、クラブ活動もあり、家の手伝いもやれと言われ、テレビも見たいし、友だちとのつき合いもあります。ほかにもゲーム・ケータイ・マンガと、それぞれやりたいことがあります。

勉強する時間がなかなかとれないのです。

高校受験
すぐに
できること
13

通学時間に、勉強しよう。

「ない、ない」と言っている人は、時間を探しています。探しても、答えは決まっています。「ない」のです。

時間のある人は、作っています。

通学時間の長い人は、自分は不利だと感じます。

「学校の裏に住んでいる人がうらやましい」と言います。

「学校の近くに住んでいる人に負けても仕方がない。早く学校の隣《となり》に引《ひ》っ越《こ》して」「学校の近くにマンションを借りて」と親に言います。

勉強する時間は、作るものであって、探すものではないのです。

Q14

通学時間が長くて、勉強の時間がとれなくて……

机以外の場所の勉強で、差がつく。

受験で通る人は、通学時間を勉強時間にしています。

机に向かわなくても勉強はできるのです。

通学している間《あいだ》も勉強時間です。これができた人が、試験に通るのです。

通学電車は座《すわ》れないし、うるさいです。

でも慣れれば、これがいちばん頭に入る時間帯になっていくのです。

高校受験 すぐにできること

14 机のないところで、勉強しよう。

通学時間の長い人は、それだけ勉強時間がとれて有利になるのです。

数学のノーベル賞に当たるフィールズ賞の候補に挙がっている数学者は、群馬県に住んで、東京の大学で教えています。

東京の大学まで通うのに、片道3時間です。

考える時間の必要な人にしては、ムダなことをしているように見えます。

ところが、その数学者は、通勤電車の中で計算をしているのです。

あえて東京までの通勤時間をとって、計算をしているのです。

そして、家に帰っても、ダイニングで計算を続けているのです。

Q15

受験生なのに、
特別扱《あつか》いしてくれないけど……

受験だからと、
毎日の生活を変えない。

受験だから時間がもったいない、という理由で今までやってきたことをやめると、生活のリズムが狂《くる》い始めます。

受験態勢に入る前とあとで生活を変えないようにすることです。

「今までは家の手伝いをしていたけど、受験だからやらない」ということではありません。

今までしていたことを続けると、受験勉強の時間が奪《うば》われます。

でも、時間が足りなくなることのマイナスよりも、リズムが崩《くず》れることのほうが、もっとロスは大きいのです。

生活のリズムが今までとズレると、もっと効率が悪くなります。

つい、受験は特別だと考えます。

家族も気を遣《つか》って、あれはやらなくていい、これはやらなくていいと言います。そんなことに気を遣《つか》わなくていいのです。

今までどおりのペースでいくことです。

受験に関係ない科目も時間のムダに見えます。

今までしていたことを続けて試験に通ると、「あの人は頭がいいから受験勉強以外のことを続けていてもできたんでしょう」と言われます。

親同士でも、「いいですね、おたくのお子さんは」という会話になります。

でも、続けているから合格したのです。

ここでは、今までしていたことをやめて落ちた人の話は出てこないのです。

高校受験
すぐに
できること

15「いつもどおりの生活」を変えない。

Q16

受験勉強中、習いごとはやめる？

長く続く習いごとを持つ。

続けてきた習いごとは、受験のためにやめないことです。

ピアノやバレエは、続けたほうがいいのです。

受験勉強は、コツコツ継続《けいぞく》できた人の勝ちです。

習いごとをしている人は、継続《けいぞく》するコツを身につけています。

身につけた継続《けいぞく》のコツを受験勉強に当てはめればいいだけです。

高校受験すぐにできること

16 習いごとは、続ける。

受験勉強は、やってもたかだか1年です。

習いごとは、何年も続けています。

習いごとという、はるかに難しいことをやっているのです。

習いごとの1つとして受験勉強を考えればいいのです。

習いごとと受験勉強はまったく違《ちが》うものだという思《おも》い込《こ》みは、大きな勘《かん》違《ちが》いです。

習いごとのペースはそのままで、受験勉強を当てはめていくことが大切なのです。

Q17

先生や親がストレスなんですが……

悪口を言うと、アウェーになる。

受験を楽しく成功させるには、親と先生を味方にすることです。
アウェーではなくて、ホームにするのです。
親も先生も味方です。
志望校に通るように願ってくれています。
ところが、親と先生を敵と感じると、精神的なストレスが生まれます。

「親はわかってくれない。先生はヤイヤイ言う」と考え始めると、先生と親を敵にまわします。

悪口を言うと、味方であるはずの親と先生が敵にまわります。

その悪口を聞いて親が敵にまわるのではありません。

悪口を言っているうちに自分が、親や先生を敵だと思《おも》い込《こ》んでしまうのです。

試験会場に行って先生が出てくると、「こいつも先生の一味だ。敵だ」と思います。

受けに行く学校の先生は、生徒が欲《ほ》しくて試験をしているのです。

試験は通すためにあるのです。

悪口を言っていると、落とすためにあると思《おも》い込《こ》みます。

入社面接でも、面接官は敵で、自分を落とす人だと思っている人がいます。
そんなことをしたら、面接官は会社で叱《しか》られます。
社長は、「今年は何人落とした？」とは聞きません。
社長が知りたいのは、何人採れたかです。
試験官は通すための人です。
ところが、ふだん悪口を言っていると、落とす人に見えます。
みずからをアウェーに追《お》い込《こ》まないことが大切なのです。

高校受験
すぐに
できること

17 先生や親の悪口を言わない。

Q18

ドタンバになれば勉強すると思うんだけど……

火事場の馬鹿力《ばかぢから》は、最も効率が悪い。

「自分は、追《お》い詰《つ》められると火事場の馬鹿力《ばかぢから》で、強いんだ」と言う人がいます。実は、火事場の馬鹿力《ばかぢから》は、効率が悪いのです。

受験は1年をかけた長丁場《ながちょうば》です。

少しずつコツコツやっている人のほうが、確実に力がついていきます。

締切《しめきり》直前のほうが強い人よりも、コツコツやっている人のほうが、圧倒《あっとう》的《てき》にムダなくやれます。必死にやらなくていいのです。

火事場の馬鹿力《ばかぢから》を出したマイナスは、あとできます。

「自分は徹夜《てつや》に強い」と言いながら、徹夜《てつや》したあと1週間頭がもうろうとしているというマイナスは大きいです。

そういう人は「徹夜《てつや》に強い」とは言いません。

毎日できて、あとでなんのダメージも出ないほうがいいのです。

徹夜《てつや》のあと、1週間ぼんやりして、何も手につかないということのないようにしていくことが大切なのです。

高校受験
すぐにできること

18 徹夜《てつや》しない。

第3章

ケアレスミスを
なくすには

Q19

つい計算ミスをしてしまうけど……

左手を添《そ》えると、計算を間違《まちが》わない。

計算間違《まちが》いをする人としない人との差は、左手の位置にあります。

計算間違《まちが》いをする人は、左手が机の下にあります。

計算式を書いていると、左側から数字をのぞき込《こ》む形になって、姿勢が崩《くず》れているのです。

姿勢が斜《なな》めになると、計算式の縦横がズレてきます。

計算は、縦横がきっちりそろっていれば、そんなに難しいことはないし、ケアレスミスも起きません。

ところが、斜《なな》めから見ると、ケタが微妙《びみょう》にズレてきて、間違《まちが》えます。

計算間違《まちが》いをしない人は、左手が机の上にのっています。

そうすると、自分の今書いているところが目の前に来るので、間違《まちが》いが少なくなります。これは計算以外にも応用できます。

国語も英語も、目の前にあるものに集中します。

姿勢が悪いのは、見ていてだらしないだけではないのです。

今、自分が集中したいところを両手で挟《はさ》む形にして見ると、考えるときも気が散らないし、よく覚えられます。

斜《なな》めに見てしまうと、理解も記憶《きおく》もできなくて、計算ミスもします。

テスト用紙を見て、「わあ、問題がたくさんある」と感じるのは、顔が近づいているからです。

左手を机の上に置くと、顔が離《はな》れます。

同じテスト用紙が小さく感じられて、「この時間内にこれだけやればいいんだ」という全体が見えます。

テスト用紙を上から眺《なが》めることで、字もうまくなります。

その上、落ち着けるというメリットがあるのです。

高校受験 すぐにできること

19 計算するとき、左手を添《そ》えよう。

Q20

ふだんはできるのに、
本番に弱い……

ケアレスミスをなくすだけで、試験に通る。

勝負はケアレスミスをするかしないかで決まります。
合格するかしないかは、1点の差です。
難しい問題が解けたかどうかではないのです。
実力は、ほぼ同じです。
実力のある人に逆転勝ちするには、ケアレスミスをしなければいいのです。

相手もケアレスミスをします。

1年生のときから受験のために頑張《がんば》ってきても、ケアレスミスでパーになります。

「合格はムリ」と言われていても、ケアレスミスをしなければ通ります。

ケアレスミスで落ちるのは、いちばん悔《くや》しいことです。

僕《ぼく》の母親は、テストで98点のときは怒《おこ》りました。

僕《ぼく》は、98点のテストを半《なか》ば自慢《じまん》げに持って帰ります。

ところが、母親は「この2点は何を間違《まちが》ったの?」と言います。

ケアレスミスで2点マイナスになったのを怒《おこ》っているのです。

これが70点だと怒《おこ》りません。

問題が難しかったのです。

わかっていなくて点数が取れないのは仕方がありません。

わかっているのに、ケアレスミスで点数が取れないのはもったいないと母親は怒《おこ》っていたのです。

これは、大人になればわかります。

いちばん損なのは、せっかく実力があるのに試験に落ちることです。

ところが、実力はそこそこなのに通る人もいます。

大切なのは、いかにケアレスミスをなくすかなのです。

高校受験
すぐに
できること
20
ケアレスミスをなくそう。

Q21

うっかりミスで、泣かないコツは？

勉強は、手品。10回連続して成功しないと、手品にならない。

勉強は手品です。
3回に1回成功しても、手品とは言いません。
手品に失敗は許されません。
10回やったら10回成功しなければいけないのが手品です。

手品師になろうとしている人は、たとえば、あるトリックを練習して、10回連続して成功したら、練習1回とカウントするのです。

試験のミスには、

①わかっていたのに注意力不足で間違《まちが》った

②「わかったつもり」になっていた

という2通りがあります。

わかったつもりになっていたけど、やってみると、「あれ、これはどうだっけ」と、もう1回確認《かくにん》する作業が発生します。

これは、手品で言う「失敗」です。

試験に通らない人は、できなかった問題があると、「ああ、そうか。そうすればよかったんだ」と言うだけで、やめてしまいます。

試験に通る人は、「ああ、そうか。それで間違《まちが》ったのか。もう1回やってみよう」と言います。

この「もう1回やってみよう」が大切なのです。

できなかったときに、できなかった理由がわかっただけで終わらせないことです。もう1回やってみれば、できます。

できる人は、「今度はもっと速くやりたい。もう1回やり直す」と言います。このしつこさが大切なのです。

高校受験 すぐにできること

21 できなかった問題を、もう1回やろう。

Q22

いつも時間が足りなくなってしまう……

「正確さ×スピード」を、反復で鍛《きた》える。

試験に通る人は、「正確さ×スピード」で勝ちます。
「正確さ×スピード」は反復の回数でアップします。
正確で、なおかつスピードがあるのがポイントです。
テストで、昨日やった問題が出ると、「ラッキー」と思います。
「昨日3時間かけてやった問題が出た。よし」でガッツポーズをしても、昨日と同じ3時間かかって解いていたら意味がないのです。

1時間のテストでは間に合いません。

1回目に3時間かかったものが、2回目には2時間になります。

3回目には1時間になり、4回目には30分になるなら、正確さとスピードのレベルがどんどん上がっています。

試験に通る人は、できた問題をもっと正確に、もっと速くやります。

できない問題が、できるようになるのではないのです。

できている問題をどれだけ正確に、速くやるかで差がつくのです。

高校受験すぐにできること

22 反復して、スピードを上げよう。

Q23

問題が速く解けるようになるには?

ストップウォッチで、なんでもはかる。

試験は、正確さとスピードの闘《たたか》いです。

スピードを上げるには、まず、今どれぐらい時間がかかっているかをはかることです。

ある問題に正解できたら、3分かかっていたところを2分でできるようにするのです。

自分のできる時間を把握《はあく》するのです。

「大体3分です」では把握《はあく》したことになりません。

100メートル走は、0・00何秒の戦いです。

スポーツではストップウォッチを使います。

受験勉強も、ストップウォッチを使うといいのです。

「ゲームを30分だけする」と決めたら、ストップウォッチで30分はかります。

30分たったらやめます。

ストップウォッチと競争して、このレベルまでいくと決めると、時間感覚が鍛《きた》えられます。これは受験勉強と同じです。

みんな、たいていストップウォッチを使わずに時計を使います。

大切なのは、時計の生き方をしないことです。

時計だと、「キリのいいところまで」となって、時間にルーズになります。

「今から30分だと8時54分か。9時でやめよう」となります。

9時になると、「あの時計は3分ぐらい進んでいるんだ」と言いわけをします。グダグダになるのです。

ストップウォッチがあると、グダグダがなくなるのです。

高校受験 すぐにできること

23 簡単だったら、速くできるようにしよう。

Q24

ケアレスミスをなくすには？

「忘れ物をしないこと」と、「遅刻《ちこく》をしないこと」で、ケアレスミスはなくなる。

忘れ物をしなくなると、ケアレスミスがなくなります。遅刻《ちこく》をしなくなると、ケアレスミスをしなくなります。

ケアレスミスは、忘れ物であり、遅刻《ちこく》です。

遅刻《ちこく》は、出席はしています。でも、遅《おく》れているのです。

忘れ物は、わざと持っていかなかったのではありません。

「アッ」と、学校の前で思い出すモノです。これがケアレスミスです。

日常生活がすべて試験に反映するのです。

受験は、試験当日や試験会場だけをいうのではありません。日常なのです。

日常を立て直すと、勉強しなくても試験に通ります。

部屋を片づけるだけでいいのです。

『ベスト・キッド』という映画を、ジャッキー・チェンがリメイクしました。

主人公の男の子がイジメに立ち向かうために、ジャッキー・チェンにカンフーを習います。

はじめのうち、ジャッキー・チェンは、カンフーを1つも教えません。

その子がお母さんに「服をハンガーにかけなさい」と怒《おこ》られているのを見て、ジャッキー・チェンは「服をハンガーにかけろ」と言います。

そうして上着を「着ろ」「脱《ぬ》げ」「地面に落とせ」「ハンガーにかけろ」と、何千回もやらせるのです。1日では終わりません。

「今日は何をやるんですか?」と聞くと、「昨日のこと」と答えます。

男の子が「カンフーを教えてよ」とねだると、「カンフーは生活の中にある」と言うのです。

すばらしい言葉です。受験も同じなのです。

高校受験 すぐにできること

24 忘れ物と遅刻《ちこく》をしない。

Q25

合格する得点を取るには？

合格は難問ではなく、基本問題で決まる。

テストは、難問では差がつかないものです。

「あの学校は難しい問題が出る」「今年は難しかった」「何点ぐらい取ればいいのだろう」とクヨクヨ考えなくていいのです。

難問は誰《だれ》も解けません。

なかには宇宙人のような人がいて、難問を解いて合格します。

難問を解いたからすごいのではないのです。

宇宙人のような人は、基本的な問題を間違《まちが》わないのです。

ここがすごいのです。

試験に通る人は、基本的な問題をはずしません。

落ちる人は、難問が解けても、基本的な問題をはずします。

勉強の仕方を間違《まちが》えているのです。

難問が解けたかどうかは、合否には関係ないのです。

基本的な問題をケアレスミスなく得点することです。それを積み重ねていくだけで合格点に達します。

問題集を開くと、どうしても難問に挑戦《ちょうせん》したくなります。

「ここで20点稼《かせ》ぎたい」と思うのです。

難問を1回解くより、基本的な問題を3回解くことです。

高校受験すぐにできること

25 難問を1回解くより、基本的な問題を3回解く。

基本的な問題を1点も落とさないことが大切なのです。

受験は、「守り」です。ゴールキーパーであり、ディフェンスです。

着実に取っていくだけで合格点に達するのです。

ファインプレーを目指さないことです。

難しい漢字を覚えようとする人は、基本的な漢字のあやふやなところをあやふやなままにしています。

難しい漢字を覚えるよりも、基本的なところでしくじらないようにすることが大切なのです。

Q26

記《き》憶《おく》力《りょく》をよくするには?

部屋を片づけると、ミスが減って、理解力も記《き》憶《おく》力《りょく》も上がる。

ケアレスミスを減らすためには、部屋の中を片づけることです。
部屋の中の様子が、頭の中の状態です。
部屋が散らかっているときは、頭の中もとっ散らかっているのです。
机の上が散らかっているときは、頭の中も散らかっています。

散らかった状態では、ケアレスミスが増えます。

理解力も落ちます。

記憶力《きおくりょく》も落ちます。

ケアレスミスを減らし、理解力を上げ、記憶力《きおくりょく》を高めるには、部屋を片づけ、机の上を片づけることです。

これだけでいいのです。

それをすると親も喜びます。

なにより、自分の頭の中が整理されます。

自分の目に映るモノが散らかっていると、それが頭の中にも反映します。

数学の問題を解いているのに、散らかった部屋の状態が頭の中に投影《とうえい》されるのです。

「この英単語は何だっけな」と思い出そうとしても、単語を書いたノートの上にカバンがのっています。

記憶《きおく》は、部屋に置かれているのです。

「あそこに置いてある」とわかる状態になっていることが大切なのです。

高校受験
すぐにできること

26 部屋を、片づけよう。

第4章

記《き》憶《おく》力《りょく》を高めるには

Q27

覚えてもすぐ
忘れてしまうんだけど……

忘れていい。
忘れることが、
記憶《きおく》の始まり。

「せっかく昨日覚えた英単語を、もう忘れている。ムダなことをしているんじゃないだろうか」と感じると、覚えることを断念したくなります。

でも、これは、ムダなことではないのです。

覚えるためには、1回忘れることです。

1回忘れることが、覚えるプロセスなのです。

「この単語の意味、何だったかな。忘れた」と思って辞書を引くと、線が引いてあります。「前に引いたんだな」とわかります。

これで、なかなか覚えられない自分に落《お》ち込《こ》むのです。

みんなこのプロセスを経《へ》て覚えています。

そんなときは、「またお会いしましたね」とつぶやけばいいのです。

「またお会いしましたね」とつぶやいても、また忘れます。

また同じ言葉を引いてしまったら、「またまたお会いしましたね」でいいのです。「またまたお会いしましたね」と言ったときに覚えます。

忘れるというプロセスを経《へ》なければ覚えることはできないので、いったん忘れます。

一発で覚えたことは、試験のときに忘れます。これは困ります。

「またお会いしましたね。またまたお会いしましたね。縁《えん》がありますね」で記憶《きおく》していけばいいのです。これが正しい覚え方です。

忘れることです。忘れやすい人のほうが覚えやすいのです。

「またお会いしましたね」にするためには、〝今日10個覚えて、明日また10個覚える〟というやり方ではなくて、〝今日100個覚える〟のです。

100個覚えて、100個忘れたほうが、結果的に早道です。

忘れたと思ったらガッツポーズです。

やっていなくて覚えていないことと、やったのに覚えていないことがあるのです。

「覚えたのに忘れているのだったら、覚えないのと同じ」ということではないのです。

高校受験
すぐに
できること

27

覚えるために、
1回忘れよう。

Q28

人名や地名を覚えるコツは？

長期記憶《きおく》を増やすと、短期記憶《きおく》のスペースが生まれる。

人名は、写真で覚えると忘れません。
これは大人になっても忘れません。
教科書にあった写真で、「森鷗外《もりおうがい》はこの顔だった」と覚えるのです。
横顔で教科書に載《の》っていた正岡子規《まさおかしき》の、正面の顔は浮《う》かばないくらいです。

ほかにも写真があります。ところが、浮《う》かばないのです。
教科書の写真は完全に頭に焼きつきます。
教科書では、まず写真が出ている人を覚えます。
教科書に写真がない人の名前を覚えなければいけないときは、肖像画《しょうぞうが》を探します。
顔を覚えると、名前はあとから出てきます。地名も、写真で覚えます。
旅行して、写真を撮《と》ると覚えているのと同じです。
映像のほうが、単に文字だけよりも記憶《きおく》に残りやすいのです。
今の教科書や図鑑《ずかん》は、写真がいっぱい載《の》っています。
写真で覚えると、長期記憶《きおく》になります。
記憶《きおく》には、
①短期記憶《きおく》

②長期記憶《きおく》

の2つがあります。

長期記憶《きおく》がたくさんあると、エネルギーを短期記憶《きおく》にまわせます。

長期記憶《きおく》にもエネルギーを使います。

長期記憶《きおく》の量が少ないと、短期記憶《きおく》に使えるエネルギーが少なくなります。できるだけ長期記憶《きおく》をたくさん作っておくことが大切なのです。

勉強が得意になると、すいすい覚えられます。

これは長期記憶《きおく》の量が多くなっているからなのです。

高校受験 すぐにできること

28 人名・地名は、写真で覚える。

Q29

暗記に自信をつけるには？

好きなモノで、記憶《きおく》の棚《たな》を作る。

趣味《しゅみ》のある人は、受験にも通ります。

受験の前に、好きなモノで頭の中に棚《たな》を作ります。

子どもは、東海道本線の駅名を東京駅から順番に言うような、親が見るとまったく無意味なことをやっているのです。

親は、「そんな意味のないことをするヒマがあったら漢字の1つも覚えなさい」と怒《おこ》ります。

でも、子どもは好きなモノを覚えます。

虫の名前をいくらでも言えるし、ポケモンのキャラクターを151個言えます。自分の好きなモノで、頭の中に棚《たな》を作っているのです。

その棚《たな》ができていれば、受験勉強はポケモンで作った棚《たな》に入れていくだけです。自分の好きなモノで15個の棚《たな》を作ればいいのです。

受験勉強では15個以上のものは出てきません。

徳川15代までが言えればOKです。

たくさん覚えたほうがいいというものではないのです。

好きなモノが15個すらすら言えたら、その人は15個覚える棚《たな》が頭の中にできているということです。

好きなモノで棚《たな》を作って並べるのは楽しいです。

ところが、受験勉強では好きでもない徳川将軍の棚《たな》を作ります。

特に興味がないと、イヤイヤ棚《たな》を作ることになります。

いきなり棚《たな》は作れないものです。

棚《たな》がないのに、覚えなくてはいけないと思うと、脳はストレスを感じて、ますます拒否《きょひ》をします。覚えることが嫌《きら》いになるのです。

東海道本線の東京から大阪《おおさか》までの駅名を全部覚えられたら、棚《たな》の数はすごい数になります。

ポケモンのキャラクターを151個覚えているのもすごいし、『ONE《ワン》 PIECE《ピース》』にも、たくさんキャラが登場します。

それを全部覚えているということは、それを覚え切る棚《たな》が頭の中にできているということです。

受験の前に、好きなモノで頭の中に棚《たな》を作っておきます。

その棚《たな》に受験勉強を当てはめて、埋《う》めていけばいいのです。
好きなモノと受験と、どっちをとればいいかという考え方をしないことが大切なのです。

高校受験すぐにできること

29 好きなモノで、15個覚えてみよう。

Q30

楽しく覚えるには?

受験はスポーツ。体で覚える。

「受験はスポーツ」と言うのには、理由があります。
スポーツは体で覚えます。
勉強の反復作業は、イヤなものです。なにか退屈《たいくつ》と感じるのです。
ところが、勉強には反復作業がつきものです。
スポーツも反復作業です。

素振《すぶ》り100回は、反復作業なのに楽しいです。
受験をスポーツととらえられないから、反復作業がイヤになるのです。
受験もスポーツの1つであることに気がついた人は、楽しめます。
受験勉強を頑張《がんば》っている人は、スポーツマンです。
「スポーツのできる人が好き」と言うなら、受験もスポーツの1つです。
サッカーと同じです。
サッカーは、単純なストレッチから入って筋トレをやります。
バスケットのゴールの練習は単調です。
それをやり続けられるのは、スポーツだからです。
勉強で、ストレッチ・筋トレというと、漢字練習や英単語の暗記です。
つい、「こんな無味乾燥《むみかんそう》なことをやって何になるの」と思ってしまいます。
そもそも、受験勉強とスポーツを、相反するものと考えないことです。

受験勉強もスポーツとまったく同じです。

だから、勉強も体で覚えていくのです。

頭で覚えようとすると、「私は頭がよくないけど、あの人は頭がいいから」と言います。頭のいい人ほど体で覚えています。

僕《ぼく》は、字を書くのが好きでした。1つの漢字を500回書いても平気でした。むしろ書けば書くほど、楽しかった。

漢字を覚えるとか、宿題だからというのを超《こ》えていました。

いかに芸術的なシュートを決めるか、ということをやっていたのです。

高校受験 すぐにできること

30 体を使って、覚えよう。

Q31

解けない問題が出てきたら?

姿勢をよくすると、脳の血流がよくなって、解けなかった問題が解ける。

解けない問題にぶつかったときに、これをやれば解けるという方法があります。

姿勢を正すことです。

首をかしげずに真っすぐにするのです。

首をかしげると、首のところで血流が滞《とどこお》って、脳の血が足りなくなります。脳は、新鮮《しんせん》な栄養と酸素を原料にして働いています。

血液は、心臓から首の細いところを通って脳へ送られます。

首をかしげると、その血流がとまるのです。

脳は栄養と酸素が足りない状態で考えようとすると、よけいわからなくなります。

首筋を伸《の》ばすと、血流が通って、「あっ、そうか」といきなり解けます。

問題が難しいと感じるのは、能力的に劣《おと》っているからではありません。

血流が滞《とどこお》っているのです。

ところが、難しい問題に出会うと、人間は必ず首をかしげます。

「あら。なんだ、これは」というときは、いつもよりもっと首が曲がっています。授業を聞くときも同じです。

高校受験すぐにできること

31 難しいと思ったときは、姿勢をよくしよう。

「先生の説明は難しいな」と思うときも、首筋を伸《の》ばしていることです。
首を前後に倒《たお》すのは、首筋を伸《の》ばしたことにはなりません。
ほおづえをつくのは、いちばん損です。
真っすぐほおづえをつく人はいません。
ほおづえは、首が曲がった状態になるので、損です。
脳の中の人に頑張《がんば》ってもらうコツは、血流をよくしてあげることです。
それには、姿勢をよくすることが大切なのです。

Q32

睡眠《すいみん》時間を削《けず》って勉強するべき?

睡《す》眠《いみん》時間は、勉強時間に入れていい。

受験生には昔から、「睡眠《すいみん》時間を何時間削《けず》るか」というテーマがあります。

ここで、あえて言います。

睡眠《すいみん》時間は、勉強時間に入れていいのです。

勉強を3時間して、睡眠《すいみん》を7時間とったら、その人は10時間勉強したことにしていいのです。

脳は寝《ね》ている間《あいだ》も働いています。
寝《ね》ている間《あいだ》に、習ったことを頭の中で整理しているのです。
ところが、つい睡眠《すいみん》時間を削《けず》って勉強してしまいます。
これでは頭の中を整理する時間がなくなってしまいます。
試験の前の日に、朝まで勉強しても、いい結果は出ません。
徹夜《てつや》すると、頭の中を整理できないので、覚えていないのです。
覚えていられるのは、頭の中の棚《たな》に整理されるからです。
だから、取り出せるのです。
いったん覚えたことは、頭の中に入ります。
でも、どこの棚《たな》にしまったかわからなくなるので、思い出せないのです。
これを「覚えていない」「忘れた」と言うのです。
忘れても、なくなったわけではありません。

寝《ね》ている間《あいだ》に頭の中を片づけてくれている人に、時間を十分与《あた》えてあげることです。

睡眠《すいみん》時間と勉強時間を取り合わないことです。

試験に通る人ほど睡眠《すいみん》時間は長いです。

それは、もともと勉強ができるからではありません。

「あの人は頭がいいから、睡眠《すいみん》時間を長くとっても試験に通るけど、自分は睡眠《すいみん》時間を削《けず》ってでもやらなければ」というのは、逆方向にいっているのです。

高校受験 すぐにできること

32 睡眠《すいみん》時間を、削《けず》らない。

Q33

すぐ眠《ねむ》く
なっちゃうんだけど……

寝《ね》だめは、
早寝《はやね》で取り返そう。

眠《ねむ》くなったら、とにかく寝《ね》ることです。

眠《ねむ》くなるということは、頭の中にいる人から「早く片づけさせてくださ い」という連絡《れんらく》が来ているのです。

「たくさん覚えたから、頭の中で整理しますので、こちらに時間をまわしてください」という連絡《れんらく》が「眠《ねむ》い」ということです。

寝《ね》たほうがいいのです。寝《ね》て、頭の中の片づけが終わると、全力で目の前にあることを理解したり、覚えたり、計算したりできます。

眠《ねむ》くなったら寝《ね》て、起きてからまたやったほうがいいのです。

毎日少しずつ睡眠《すいみん》が足りなくなってくると、頭の中の棚《たな》を整理する時間が少しずつ足りなくなって、片づけきれないところが出てきます。

このときは、寝《ね》だめをしたほうがいいのです。

寝《ね》だめの方法は、たった1つ。「早く寝《ね》ること」です。

早寝《はやね》は、遅《おく》れを取《と》り戻《もど》すのにいいのです。

間違《まちが》った寝《ね》だめの方法は、「遅《おそ》く起きること」です。

似ているようで、まったく違《ちが》います。遅《おそ》く起きるのはアウトです。

日曜日に遅《おそ》くまで寝《ね》ていると、生活のリズムが変わります。

「勉強の協力をさせていただきます」と言っていた脳が、「あれ？　待っているんですけど、今日はどうなるんでしょう。勉強はしないんですか?

じゃあ、係《かかり》の人を帰します」ということになります。

係《かかり》の人を帰したあとで、「じゃあ始めるか」ということをしていると頭の中との、チームワークがとれなくなるのです。

試験の時間に脳が最も効率よく働くように、脳の中にいるもう1人の人と協力態勢を作りましょう。そのためのダンドリが大切なのです。

高校受験 すぐにできること

33 遅《おそ》起《お》きではなく、早《はや》寝《ね》しよう。

Q34

いちばん効率のいい勉強時間帯は?

規則正しい生活が、勉強の効率を上げる。

「何時間、勉強するか」ではありません。

「何時に、勉強するか」です。

毎日同じ時間に勉強するのが、最も効率がいいのです。

頭の中にいる人は、「この時間に勉強するんだな」と思うと、その時間に脳をスタンバイしてくれます。これで効率がよくなるのです。

毎日、長時間勉強しても、勉強時間が早くなったり遅《おそ》くなったりしていると、脳があたふたします。

いつもはごはんを食べている時間に勉強したり、勉強している時間にごはんを食べたりすると、脳が「エッ、今から勉強ですか。こっちはダンドリができていません」「さっきまで待っていたのに。担当が休憩《きゅうけい》に入っちゃいました」ということになります。

毎日同じ時間に勉強してあげることで、脳は効率よくまわります。

生活全体が規則正しいのがベストなのです。

高校受験すぐにできること

34 毎日「同じ時間」に勉強しよう。

第5章

試験当日に緊張《きんちょう》しないためには

Q35

本番で緊張《きんちょう》しないためには？

自分の名前を丁寧《ていねい》に書くだけで、落ち着ける。

試験当日に落ち着くにはコツがあります。
テストは、実は楽しいことなのです。
スポーツで言えば、試合です。
スポーツだったら、こまめな練習よりも、練習試合をしたくなります。
大会に行くほうがさらに楽しいです。

ところが、勉強になると、とたんに「試験はイヤだ。受験はイヤだ」になります。

試験は、いちばんの見せ場です。頑張《がんば》りどころです。

そこで落ち着くには、名前を丁寧《ていねい》に書きます。

名前を書くのは、いちばん最初にすることです。

いまだに、名前を書き忘れて試験に落ちる人がいます。

焦《あせ》っているのです。名前を書くのは、ムダなことではありません。

画数の多い名前の人が不利ということもありません。

画数の多い名前の人のほうが丁寧《ていねい》に書くので、落ち着きます。

名前を書くのは、自分の答案用紙ということのためではなくて、落ち着くためです。名前を書くのは、実はとてもいい行為《こうい》なのです。

名前を丁寧《ていねい》に書けば落ち着きます。

会社の入社面接でも、名前がきちんと言えたら通ります。

面接で落ちる人のほとんどは、自分の名前を言うときに噛《か》みます。

冒頭《ぼうとう》で自分のフルネームを噛《か》むと、あとの展開が、なんだか気持ち悪いままです。自分の名前を落ち着いて言えるだけで、流れがつかめます。

筆記試験も同じです。自分の名前を消しゴムで消して書き直したり、はみ出したりすると、その時点で焦《あせ》ります。

「今日は、自分の名前がすごくきれいに書けた」と思うと、「調子いいな」という気持ちになれるのです。

高校受験
すぐにできること

35 自分の名前を、丁寧《ていねい》に書こう。

Q36

試験の休み時間は、
どうすごしたらいい？

試験当日は、友だちとしゃべっていると、緊張感《きんちょうかん》がゆるんでしまう。

試験当日は緊張《きんちょう》します。

しかも、いろいろな学校から試験を受けに来ている人がいます。

まわりには知り合いがいません。

たまたま知り合いがいると、つい盛り上がってしゃべります。

これで、テンションが下がります。

適度な緊張感《きんちょうかん》が集中力を高めるのです。試験に通る人は、休み時間にあまり人と話しません。

休み時間に盛り上がって話していると、緊張感《きんちょうかん》がゆるんで、集中力がストンと落ちます。

リラックスしようとしてしゃべるあまり、テンションが下がって、逆にまた強い緊張《きんちょう》が訪れます。適度な緊張《きんちょう》状態にあるのがベストです。

少なくとも試験当日は、友だちがどんなに盛り上がっていても、その輪には入らないことです。

勉強しているときも同じです。みんなが盛り上がっていても、一緒《いっしょ》に盛り上がっておかなくてはいけないと考えることはないのです。

試験のときに、同じ学校の人がいなくて、よその学校から来た人たちがワーッと盛り上がっていると、「仲間がいっぱいいて、いいな」と感じます。大勢で試験を受けに来ている人たちは、これ見よがしに盛り上がるのです。そういう人たちは全部落ちます。

緊張《きんちょう》から、試験会場ではしゃいでいるのです。

そういう人を見たら、自分は勝ったなと思えばいいのです。

それに巻《ま》き込《こ》まれないほうがいいのです。

「あの人たちは余裕《よゆう》があっていいな」とうらやましく思う必要はないのです。

高校受験
すぐに
できること

36 休み時間に、1人でいる。

Q37

本番に実力が出せるか心配で……

ふだんから、本番のつもりで真剣《しんけん》にやる。

本番に弱い人は、緊張《きんちょう》しています。

本番に弱い緊張《きんちょう》する人は、家で過去問題集を解きながら、制限時間の50分の間《あいだ》にトイレに行ったり、途中《とちゅう》で冷蔵庫を開けたりしています。

本番で初めて緊張《きんちょう》するということは、ふだんの勉強時間に緊張《きんちょう》していないのです。少なくとも過去問は、本番と同じ時間帯にやるぐらいの覚悟《かくご》で臨《のぞ》むことです。

時間はきっちりはかります。「大体これぐらい」は、なしです。

途中《とちゅう》でごはんの時間を入れるのもなし。「合計で50分」もなしです。

本番の試験が9時から始まるなら、9時ジャストに始めるのです。

練習を本気でしていないから、本番で緊張《きんちょう》するのです。

本番で緊張《きんちょう》しないためには、ふだんの準備段階で緊張《きんちょう》しておきます。

緊張《きんちょう》の練習もするのです。

緊張《きんちょう》してできないなら、緊張《きんちょう》してもできるようにすればいいのです。

高校受験
すぐにできること

37 本番と同じ時間帯に、過去問をやろう。

Q38

夜型では、ダメですか？

朝型にしておくと、試験の本番でベストな状態になる。

ほとんどの試験は午前中に行われます。

いつも朝から勉強していれば、本番でも脳は「勉強をする時間だ」とわかって、準備もできています。スポーツも同じです。

オリンピックやサッカーの選手は、世界で試合をしています。

外国で試合をするスポーツ選手は、現地の試合時間に合わせて体づくりをします。

試合の本番の時間に、いつも練習しているのです。

脳は、その時間になると、「いちばん頑張《がんば》らないといけないから、人手をたくさん用意しておきます」と、準備をしてくれます。

いざ試験の当日だけ早起きしても、いつもそういうダンドリになっていなければ、脳が協力態勢を作れなくなります。

脳の勝負は、起きてから何時間かで決まります。

夜型の人は、試験のときか直前だけ朝起きてやろうとします。

夜型になっていると、起きてからずいぶん時間がたって、エンジンがかかり始めるという体のクセがついています。

脳が夜型の体のクセを覚えてしまうと、午前中にベストな状態ではまわらなくなるのです。

高校受験
すぐに
できること

38 朝型にしよう。

Q39

運動部は、やめたほうがいい？

運動すると、脳が活性化する。

「運動部を続けたほうがいいですか？　それとも、やめて勉強に打《う》ち込《こ》んだほうがいいですか？」という質問には、僕《ぼく》は「運動部を続けたほうがいい」と答えます。

運動することによって、脳に血がどんどんまわるようになります。

「試験の当日、親に車で送ってもらったほうがいいか、それとも電車で行ったほうがいいか」と迷うなら、電車で行ったほうがいいのです。

歩くことによって、脳に血がまわるからです。

親に車で送ってもらうと、歩かないので脳に血がまわりません。

試験の合間の休憩《きゅうけい》のときは、肩《かた》をまわします。

肩甲骨《けんこうこつ》のところに太い動脈があります。

この太い血管の流れが滞《とどこお》ると、脳に十分に血がまわらなくなってしまいます。

肩《かた》をまわすことで、体中に血がまわって、老廃物《ろうはいぶつ》が流されて、新鮮《しんせん》な栄養と酸素が送られます。

ギリギリまで寝《ね》ていて、「アーッ」と飛び出すのが脳にいちばんよくありません。

落ち着いて家を出て、ウォーキングするぐらいのつもりで試験会場や学校に向かうことです。
運動部の朝練をしていると、脳が活性化した状態になります。
運動すると眠《ねむ》くなるのではありません。
運動することで脳が目覚めるのです。

高校受験 すぐにできること

39 運動を、続けよう。

あとがき 40

受験は、ゲームだ。

「受験」は、「試験を受ける」と書きます。

だから暗く感じるのです。

文字を替えればいいのです。

「受験」を「十拳《じゅけん》」と書いてみたらどうでしょう。

酔拳《すいけん》・蟷螂拳《とうろうけん》・猿拳《さるけん》などのカンフーやアクションゲームのようになります。

「THE JUKEN」です。

そこで、キャラの1人になって戦い、わざを身につけていくのが勉強です。

ゲームは楽しいです。

ゲームは、わざを身につけて、武器を手に入れます。

受験も同じです。

わざを身につけて、武器を手に入れ、ライバルを倒《たお》し、問題を解いてクリアすることが受験なのです。

高校受験 すぐにできること

40 ゲームのように、クリアしよう。

高校受験 こんなときは どうしたら いい？

● 質問一覧

〈著者紹介〉
中谷彰宏（なかたに　あきひろ）
1959年、大阪府生まれ。大阪府立三国丘高校、早稲田大学第一文学部演劇科卒業。博報堂に入社し、８年間のＣＭプランナーを経て、91年に独立し、株式会社中谷彰宏事務所を設立。人生論、ビジネスから恋愛エッセイ、小説まで、多くのロングセラー、ベストセラーを世に送り出す。全国で講演活動を行っている。

※本の感想など、どんなことでも、お手紙を楽しみにしています。
他の人に読まれることはありません。**僕は、本気で読みます。**
中谷彰宏

〒102-8331　千代田区一番町21
株式会社ＰＨＰ研究所　ヤング文芸出版部気付　中谷彰宏　行
＊食品、現金、切手等の同封は、ご遠慮ください。（ヤング文芸出版部）

【中谷彰宏　ホームページ】　http://www.an-web.com/
【モバイル】　http://www.an-web.com/mobile/

YA心の友だちシリーズ

高校受験すぐにできる40のこと
2011年９月１日　第１版第１刷発行

著　者　中谷彰宏
発行者　安藤　卓
発行所　株式会社ＰＨＰ研究所
東京本部　〒102-8331　千代田区一番町21
ヤング文芸出版部　☎03-3239-6255（編集）
普及一部　☎03-3239-6233（販売）
京都本部　〒601-8411　京都市南区西九条北ノ内町11
PHP INTERFACE　http://www.php.co.jp/
制作協力
組　版　株式会社ＰＨＰエディターズ・グループ
印刷所
製本所　共同印刷株式会社

© Akihiro Nakatani 2011 Printed in Japan
落丁・乱丁本の場合は弊社制作管理部（☎03-3239-6226）へご連絡下さい。
送料弊社負担にてお取り替えいたします。
ISBN978-4-569-78171-6　NDC159 <143>p 20cm